L ²⁷ n. 20241.

LETTRES INTIMES

DE M.

HORACE VERNET

DE L'INSTITUT

PENDANT SON VOYAGE EN RUSSIE

(1842 ET 1843.)

FRAGMENS INÉDITS D'UNE **HISTOIRE DES ARTISTES VIVANS**
PAR THÉOPHILE SYLVESTRE.

PARIS, 1856.

LEIPZIG, CHEZ WOLFGANG GERHARD.

PRÉFACE.

Nous publions des Lettres intimes de M. Horace
Vernet. Est-il besoin de faire remarquer le vif et char-
mant esprit, l'heureux caractère qui ont fait de l'illustre
peintre le *Français* le plus gai de la terre, le conteur
le plus amusant, le voyageur le plus malicieux? Dès le
premier paragraphe, dès les premières lignes, on est
tout étonné de ce style spirituel et léger, de cette façon
de conter d'autant meilleure qu'elle n'avait pas en vue
l'imprimerie. Nul apprêt, aucune coquetterie, point
d'artifice de langage, pas de phrases à queues de paon:
des impressions vives, des sensations sincères, telles
sont ces Lettres que M. Horace Vernet écrivait à sa
famille, sans se douter qu'elles verraient jamais
le jour.

La présente correspondance, heureusement conservée par des amis, prend d'autant plus d'intérêt qu'elle traite de la Russie, que l'empereur Nicolas ouvrait à l'artiste en l'appelant auprès de lui. Les événemens récens lui donnent une grande importance; mais il ne faut pas croire que ces Lettres soient publiées par M. Horace Vernet pour profiter de l'actualité ni pour faire parade d'esprit et se montrer sous un jour littéraire.

Cette correspondance fut donnée à M. Théophile Silvestre par l'illustre peintre lui-même, qui comprit, à la lecture, qu'il avait devant lui un biographe sincère et de bonne foi.

Aujourd'hui que l'Art est entré profondément dans la somme des jouissances du public, on a trouvé facilement une légion d'historiens archéologues, d'hommes patiens qui passent des années à fouiller de vieux papiers, à éclaircir des dates, à étudier une seule figure et à en donner une monographie laborieuse. Les biographes archaïques ne manquent pas.

Il ne manque pas non plus d'hommes spéciaux pour « la critique des Salons. » Les uns sont tout miel, se prosternant avec les salamalecs d'un grand style devant les moindres productions sorties du pinceau ou du crayon; d'autres sont tout amertume et ne procèdent que par négations brutales. De cette indifférence laudative, de cette amertume, il restera une besogne de journalisme assez inutile pour l'avenir.

Il n'y a pas eu de nos jours un Diderot pour imposer ses idées ou ses paradoxes ; Diderot est intéressant par sa liberté de langage, par les détails personnels sur la vie intime des artistes de son temps ; et nous sommes d'autant plus certain de la sincérité des détails biographiques qu'ils n'étaient imprimés ni en France ni à l'étranger, mais qu'ils servaient de thèmes de conversation à un prince allemand, protecteur de Grimm.

Ce que Diderot écrivait confidentiellement, M. Théophile Silvestre a osé l'écrire publiquement. Après avoir étudié longuement la peinture dans les œuvres anciennes et modernes, ne trouvant pas, dans les manifestations du pinceau, suffisamment éclaircie l'*idée* qui avait dirigé le peintre, il a voulu connaître les hommes, étudier leur tempérament, sonder leur caractère, se rendre compte des pensées de l'artiste — quand il pense. C'était une entreprise difficile et pénible.

Un homme ne se laisse pas connaître en un jour ; une conversation isolée ne permet pas de sonder une doctrine ; s'il faut cinq minutes pour juger un être léger, de certains caractères demandent des semaines, des mois, des années. Chaque homme est variable comme les saisons ; l'art laisse rarement le caractère égal ; les artistes, seulement gouvernés par des sensations, nient demain ce qu'ils affirmaient aujourd'hui. Il est facile à celui qui n'écrit pas de protester contre les doctrines qu'on lui met dans la bouche.

. . . .

CHAMPFLEURY.

«Saint-Pétersbourg, 17 juin 1842.

«J'arrive de Péterhoff ; tout s'arrange comme je le désirais, sauf le projet de tournée au Caucase, où les choses ne sont pas sans doute bonnes à laisser voir. L'empereur m'a reçu admirablement. Il m'avait fait dire de me trouver hier à un petit pont, d'où il me prendrait pour aller faire une promenade en mer et me ramener ensuite au château, où mon appartement est préparé. Tu penses que je n'ai pas manqué au rendez-vous.

« L'empereur, en descendant de voiture, est venu à moi, les bras ouverts, m'a embrassé deux fois sur mes fraîches joues, et m'a dit : «Mon cher Vernet, êtes-vous «à moi? — Je suis libre, Sire, ai-je répondu. — En ce «cas, a repris S. M., je vous tiens pour longtemps; «nous causerons plus tard; ne pensons plus, pour le «moment, qu'aux fêtes qui vont avoir lieu, et quittez-«moi le moins possible. »

«Me voilà donc avec un fil à la patte pour quelque temps; mais j'ai mes haleines, et j'espère bien utiliser mes jours de repos.

«En arrivant à Péterhoff j'ai été pris par le prince Volkonski, qui tient les cordons de la bourse. Sa première question, après les politesses d'usage, a été faite pour savoir si j'apportais quelque chose pour Sa Majesté. Je lui ai répondu non, et j'ai ajouté qu'il n'entre pas dans mes habitudes de colporter ma marchandise; que mes voyages sont pour moi un repos et une distraction; que je n'étais venu en Russie que dans le seul but de témoigner ma gratitude à l'empereur pour ses précédentes bontés, en me mettant à sa disposition, et que je le priais de donner lui-même cette assurance de ma part à Sa Majesté, etc.

«Donc, je suis en état de détourner toute appréciation qui tendrait à m'assimiler à certains artistes voyageurs dont la conduite a laissé ici de fâcheux souvenirs.

«HORACE VERNET. »

« Saint-Pétersbourg, 26 juin 1842.

«Je t'ai écrit hier et me voilà encore la plume à la main. Tu ne manqueras pas de nouvelles : une lettre t'arrivera par l'Ambassade, l'autre par le bateau. J'ai été invité hier à un petit souper de famille chez S. M. l'Impératrice, il n'y avait que trois personnes admises. Malgré la simplicité de la réception qui leur a été faite, la cordialité qui régnait dans la conversation, les Allemands qui s'y trouvaient ne pouvaient digérer la barre de fer qu'ils ont avalée. Il faut avouer que les Russes ont plus d'abandon et de sociabilité que toutes ces têtes carrées.

«Je me suis amusé à causer avec les jeunes princesses, qui sont charmantes. La troisième a fait de grands progrès en beauté; mais la grande-duchesse Olga exerce toujours une grande influence sur mon cœur.

«L'empereur est d'une confiance et d'un laisser-aller qui me mettent à mon aise. Je me sens le besoin de peindre. Le prince Woronzoff me demande le portrait de sa femme à cheval comme celui de la princesse Wittgenstein. J'ai envie de le faire. Prix, 25,000 francs, et d'ailleurs la femme est jolie. Nous verrons.

«Nous partons cette nuit pour de grandes manœuvres qui doivent durer trois jours. Il n'y aura donc que deux bivouacs, et la tente est là. Charles Brigandet est toujours le meilleur des serviteurs. J'en ai pris un second, qui me sert de drogman.

«HORACE VERNET. »

« Saint-Pétersbourg, 29 juin 1842.

«Nous arrivons des manœuvres, elles ont été superbes ; soixante-dix mille hommes sous les armes et des coups de canon comme s'il en pleuvait, et de la pluie comme si le ciel fondait ! Il n'y a que les Russes capables de supporter sans grogner de pareilles plaisanteries. Les malheureux ! Je n'ai pas moins profité de leur triste sort pour mettre dans mon sac les effets les plus admirables de fumée, de feu et d'eau. Nous avons un froid de tous les diables. Grâce à mon bon équipage de voyageur, j'ai, sans contredit, souffert moins que personne.

«Mon domestique Charles Brigandet a été admirable : je le trouvais partout ; rien ne m'a manqué, rien n'a été perdu, et tout est propre comme si je n'étais pas sorti de chez moi. Voilà ce qui fait de ce garçon une perle pour un coureur de pays tel que moi.

«Je renonce pour cette année à ma grande tournée ; le moment serait peu favorable, surtout dans le Caucase. Les choses ne semblent pas s'y passer de façon à ce qu'on soit ici enchanté de les faire connaître. La nouvelle d'une grande bataille vient d'arriver ; on ne dit pas de quel côté est restée la victoire. On donne le nom de beaucoup d'officiers tués ; ainsi il n'est pas difficile d'apprécier le résultat.

«Je renonce donc à mon grand voyage pour *piocher* ; j'en sens la démangeaison ; ce sera un plaisir. En avant la joie ! je me porte mieux que jamais. J'ai cinquante-trois ans aujourd'hui ; mais je me sens encore si jeune

que j'ai envie de demander à l'empereur d'entrer dans
le corps des Cadets.

« HORACE VERNET. »

« Saint-Pétersbourg, 1er juillet 1842.

« Je me borne maintenant à observer les changemens
qui ont eu lieu depuis mon premier voyage (1835). Il
y en a de singuliers, entre autres celui qui s'est opéré
en faveur du roi Louis-Philippe parmi la noblesse, ce
qui peut expliquer la mauvaise humeur de l'empereur
Nicolas. Je ne serais pas étonné qu'il ne se *mitannât*
quelque farce à la façon de Barbarie.

« Ce pays-ci est partagé en deux, et il n'y a pas d'in-
termédiaire qui puisse amortir les coups du marteau
sur l'enclume. Jusqu'à présent le marteau a été fort;
mais petit à petit le manche s'use. Les esclaves s'en-
richissent, la noblesse se montre abusive, et déjà bien
des seigneurs n'osent plus aller dans leurs terres. Dans
le fond il n'y a pas une très grande différence entre le
gouvernement de la Russie et celui de Méhémet-Ali.
On est ici, comme en Égypte, sur une boursoufflure
qui crèvera. Cette formidable armée demandera un jour
à combattre d'autres ennemis, et plus elle fera de con-
quêtes, plus elle prendra son pays en horreur.

« Je viens d'assister à de grandes manœuvres: on ne
peut se faire une idée des souffrances endurées par ces
malheureux soldats. Le second jour, les bois étaient

jonchés de ces misérables, couchés dans la boue, sans pouvoir remuer les membres. Les officiers eux-mêmes, plus ou moins pris par la dyssenterie, offraient le plus navrant tableau de l'obéissance passive. Pas un murmure; mais que ne lisait-on pas sur leurs visages? Il faut de la gloire ou du moins beaucoup d'argent pour décider des hommes à accepter même momentanément une pareille existence. Est-il possible de croire qu'ils résisteront longtemps au désir de reprendre leur liberté quand ils n'ont en vue aucune compensation aux maux dont ils sont accablés?

«Pour me consoler du spectacle de tant de misères, j'ai voulu visiter quelques-uns des établissemens fondés par le gouvernement pour l'instruction des laboureurs, des forestiers, etc. Rien n'est plus beau que le principe; mais là, comme ailleurs, apparences vaines, vide, boursoufflure; bâtimens énormes, nombreuse administration, discipline de fer et de bâton, résultats qui au premier coup d'œil semblent passables, mais en réalité nuls pour le peuple et d'ailleurs absorbés d'avance par les priviléges de la couronne. Les besoins de l'État sont tels que, du jour où la plus petite industrie ne lui rapportera rien, sa culbute sera inévitable. Ce qui fait la force de la France, c'est qu'elle ouvre un libre champ à toutes les capacités.

«J'ai eu ce matin à ce sujet un long bavardage avec F..... Nous ne sommes pas tout à fait du même avis. Mais comme tous les Russes et tous les hommes ne se ressemblent pas, et que la terre est faite pour être ba-

layée par les uns afin que les autres s'y promènent plus
à l'aise, un jour viendra où F... sera détrompé.

« Demain je retourne à Péterhoff me relancer dans le
tourbillon ; j'y trouverai sans doute le roi de Prusse.
Donne-moi de tes nouvelles, *poste restante*, car toutes
les lettres vont tomber chez un M. Vernet, peintre, qui
me les fait passer exactement, mais je perds trois jours
avant de les recevoir.

« HORACE VERNET. »

« Saint-Pétersbourg, juillet 1842.

« J'ai vu l'empereur, qui m'a reçu avec la même cordialité. La conversation a été courte. Il m'a demandé
en quel état j'avais laissé la famille royale (famille d'Or-
léans). Son intérêt pour elle ne s'est pas refroidi, mais
je n'ai pas cru convenable d'attaquer la grande explica-
tion tout de suite, le prince Volkonski étant là ; ces
jours-ci elle aura lieu. Malheureusement je n'aurai
peut-être pas l'occasion si belle qu'aujourd'hui pour te
tout dire. Que faire ?

« Je partirai avec l'empereur dans les premiers jours
de septembre, pour faire un voyage de quinze cents
lieues en sept semaines à travers les pays. Nos plus
longues courses sans temps d'arrêt seront de quarante-
huit heures et nous séjournerons douze fois. Tu vois
ainsi qu'il n'y aura pas grande fatigue. L'empereur, les
généraux Orloff, Adlerberg, Otchakoff, et moi : voilà
les voyageurs. Tu vois que la société est choisie. Ce

que nous allons voir, je ne te le dirai pas ; c'est encore un mystère. Mais si l'on en juge par le nombre d'aides-de-camp qui sont envoyés d'avance dans toutes les directions, il se passera bien des choses. Je n'aurai pas la satisfaction de t'en rendre compte à mesure, car..... N'importe, tu auras toujours des nouvelles de ma santé. Écris-moi une seule fois à Varsovie, puis à Saint-Pétersbourg, comme à l'ordinaire.

« J'ai trouvé la famille impériale généralement souffrante. Mon retour si prompt a étonné ici. Ce que la société me fait de questions annonce bien l'inquiétude qu'elle a de l'avenir de ce pays. Depuis quelque temps, il se commet d'affreux assassinats dans l'administration et dans l'armée. Il y a quelques jours, le frère du prince Gagarin, sous-ministre des finances, a eu la cervelle brûlée par un employé. Le criminel a été condamné à recevoir six mille coups de baguettes, et il est mort après douze cents. On a maintenant découvert que ce malheureux avait commis le crime par le désespoir de se trouver chassé de l'administration, parce qu'il avait dû faire la déclaration de vols commis par de grands personnages. La vérité n'a été connue que trop tard. Il résulte de ce fait une grande fermentation dans la classe moyenne, qui ne trouve ni justice ni protection contre la tyrannie des seigneurs.

« Le voyage que je vais entreprendre est d'un grand intérêt. Pendant six semaines, je ne quitterai pas l'*Homme* (l'empereur Nicolas). Je le verrai à toute minute. Nous aurons sans doute de longues et fréquentes

conversations, dans lesquelles j'entamerai le rapproche-
ment que nous désirons tous. J'ai bon espoir, car l'opinion générale est toute préparée, et chacun désire voir
la France liée avec la Russie. Il n'y a que l'empereur à
vaincre. Il faut lui faire comprendre qu'une plus longue
résistance de sa part passerait, aux yeux du monde entier, pour de l'obstination personnelle. Avec les paroles
du roi (Louis-Philippe), que je me garderai bien de re-
dire toutes à la fois, j'ai l'espoir de mener l'affaire à
bonne fin.

« La famille impériale a quitté Péterhoff pour se rendre à Sarsœ-selo. J'ai profité de la circonstance pour
venir passer trois jours en ville, afin d'y acheter quelques objets dont j'ai besoin pour mon voyage : coussins
de cuir, sacs pour mes livres de croquis, etc. Déjà, ce
soir, l'empereur a fait demander si j'étais malade et si
je reviendrais demain. Je ne suis pas fâché de la question, qui me prouve qu'il a besoin de moi.

« Au moment de fermer ma lettre, j'entends tirer le
canon pour la naissance d'un grand-duc héritier.

« HORACE VERNET. »

« Saint-Pétersbourg, aux îles, 10 juillet 1842.

« M. P**, qui est rappelé en France, se chargera de
plusieurs petites choses pour Horace (un des petits-fils
de l'artiste), des armes et des costumes.

« Le comte de Voyna, ambassadeur d'Autriche, m'a
rapporté une longue conversation que l'empereur avait

eue sur mon compte avec le roi de Prusse, et dans laquelle il avait fait l'éloge de mon caractère et de la fermeté de mes opinions. «Nous ne sommes pas toujours du «même avis, a-t-il dit, c'est pourquoi je l'estime; les «hommes francs sont rares.» Ces mots me sont venus par plusieurs personnes.

«Nous venons de faire encore trois jours de campagne, mais pour cette fois le temps était admirable. A la fin de la première journée a eu lieu ce qu'on appelle un *thé* militaire, c'est-à-dire une réunion de tous les officiers supérieurs régalés par Sa Majesté dans un jardin rustique. J'ai été encore ici l'objet de l'attention générale. L'empereur, après m'avoir tenu la main pendant longtemps et m'avoir parlé de tout ce qui s'était passé pendant les manœuvres, s'est retourné pour dire : «Messieurs, Vernet fait partie de mon état-major, et je mets à l'ordre qu'il sera libre de faire tout ce que bon lui semblera dans le camp.»

«Aussi irai-je y passer huit jours, et ce ne sera pas pour moi du temps perdu.

«HORACE VERNET.»

« Moscou, 15 septembre 1842.

« Je suis monté en voiture six heures avant l'empereur, afin de pouvoir m'arrêter à Novogorod où je voulais voir une église pittoresque et qui date de 900. Les portes sont en bronze sculpté venant de Constantinople. Cette *antiquité* est curieuse par le mélange du sacré et du profane. Au reste, elle n'a rien de remarquable. Les peintures grecques qui décorent l'intérieur de l'Église sont bien conservées ; mais ce qui distingue l'édifice, c'est surtout son aspect bizarre. Il semble tout fait de tubes, les uns creux, les autres pleins, superposés de manière à ce que les vides portent sur les solides. Là, l'empereur m'a rejoint.

2

« Nous nous sommes arrêtés au-delà de Toula pour voir manœuvrer quatre régimens de cavalerie, et le soir nous étions de retour à Moscou. Nous avons eu un épisode intéressant : c'est un dîner d'auberge.

« Nous courions comme le vent ; tout à coup l'empereur s'arrête, entre dans un *bouchon*, et, au bout de cinq minutes, nous fait dire de venir dîner.

« Figure-toi une petite chambre de bois, une table, quatre chaises, deux chandelles, un autocrate, deux généraux et un peintre, mangeant la soupe aux choux et causant familièrement. On a parlé de Constantinople, de la Syrie, de l'entrée des Français à Moscou, dont nous touchons justement le trentième anniversaire. Je t'assure que la conversation était attachante. Si je n'y avais moi-même pris part, j'aurais cru rêver.

« Aujourd'hui, après l'adoration des images, l'empereur a visité un palais qu'il fait construire au milieu du Kremlin. C'est un monument gigantesque de style byzantin, parfaitement bien compris et en rapport avec le reste des constructions qui l'entourent. Voilà du moins ici de l'architecture nationale, car il y a aussi un peu de tartare dans les détails. Ça n'en va pas mieux par la raison que l'exécution barbare a disparu et a fait place à tout ce que les progrès de la civilisation ont apporté d'améliorations.

« HORACE VERNET. »

«Koursk, septembre 1842.

«Depuis Moscou, je passe d'admiration en admiration. Ici, ce n'èst pas sous le rapport pittoresque, car le pays n'est qu'ondulé et dépouillé d'arbres; mais la terre est si fertile et les récoltes sont d'une richesse fabuleuse! C'est ici comme dans nos plus belles provinces de la France. Quand la population russe sera assez nombreuse pour cultiver avec plus de soin, je ne sais si on pourra trouver dans le monde une contrée pareille.

«Il faut que cet aspect agricole m'ait beaucoup frappé pour que j'en parle, car je suis peu sensible ordinairement à ce genre de beauté. D'autres spectacles me touchent bien autrement. J'ai bellement de quoi satisfaire ici mon goût pour les soldats. Je suis au milieu d'une colonie militaire. 82 escadrons de dragons ont défilé ce matin, et malgré mon peu de penchant pour ce corps spécial, je me vois forcé de lui rendre justice. Il faut dire aussi qu'il n'y a que la Russie capable de monter une telle cavalerie. J'ai vu plus de dix mille chevaux ce matin, il n'y en a pas un qui ne passât chez nous pour un très beau cheval d'officier. C'est une nouvelle organisation due au génie de l'empereur.

«Je brise les éloges, car si je voulais tout dire, je ne finirais pas. Tu préfères que je te parle de moi? Eh bien! je me porte à ravir; nous avons un temps du mois d'août. Lorsque nous ne courons pas comme le vent, nous séjournons dans de très jolies villes, toujours presque neuves, car les incendies ne leur laissent guère le temps de vieillir. C'est une calamité que ces incendies ; mais tout étant bâti en bois, ils sont à peu près inévitables. Pourtant l'empereur a visité avec moi, à Toula, d'admirables constructions en briques et en fer, destinées à la fameuse manufacture d'armes, détruite il y a quelques années. Je ne connais pas même en Angleterre d'établissement aussi considérable et surtout aussi beau. Les ingénieurs sont certainement des hommes de mérite ; mais aussi quelles ressources l'empereur ne met-il pas à leur disposition !

« L'empereur est pour moi ce qu'il a toujours été, d'une bonté parfaite. Qu'ai-je fait pour lui ? Rien encore ; et il me traite comme s'il me devait de la reconnaissance, et à l'égal de tous les personnages qui l'entourent. Je ne me laisse pas aveugler. Tu me connais assez pour savoir que je vois juste. Je te répète donc ce que je soutiens depuis longtemps, c'est que l'Europe a la plus fausse idée du caractère de S. M.

« HORACE VERNET. »

<hr>

« Élisabethgrad, 30 septembre 1842.

« Je passe de surprise en surprise. Vraiment, on n'a nulle idée en France de la partie intérieure de la Russie que je traverse maintenant. Je fais la part de la *dorure*, qui à cause de la présence de l'empereur, recouvre bien des misères ; mais il n'en résulte pas moins pour moi la conviction que toutes les institutions faites par la volonté du gouvernement tendent au progrès.

C'est par l'armée que la liberté est ici introduite. Tout soldat est libre, et ses enfans reçoivent une éducation qui les place de droit au rang de sous-officiers. Plus de six mille sortent chaque année des colonies militaires, sans compter les *écoles des cadets*, qui fournissent le même nombre d'officiers.

«Ces derniers établissemens sont admirables, non-seulement par la force des études, mais encore par le comfortable et le soin. Je n'hésiterais pas une minute à confier l'éducation de nos chers petits-fils au système en usage ici, s'il ne fallait pas y faire avant tout le sacrifice de la liberté individuelle.

«Pour nous, Français, c'est la réunion de toutes les volontés qui décide des événemens; ici tous concourent à l'accomplissement de la volonté d'un seul homme. Il est impossible qu'il en soit autrement. La Russie est encore pour ainsi dire un chaos qui se débrouille. Chacun des élémens a sa place; mais la grande loi qui doit régler leurs rapports n'existe pas encore. Une volonté supérieure peut accomplir ce grand œuvre, et je suis persuadé que c'est là la constante préoccupation de l'empereur; tout ce que je vois chaque jour me donne cette conviction.

«Malgré ma réputation d'homme léger, j'ai vu tant de choses que mon coup d'œil me trompe rarement. Tu diras: C'est de l'orgueil: N'importe; c'est l'opinion d'un peintre qui, comme Fénélon, et Bossuet, ne parle pas à la multitude. Si je me trompe, nous serons quittes pour en rire plus tard en crachant sur nos tisons.

« Que je te parle du pays que je parcours ! Depuis Moscou jusqu'ici, je n'ai vu que de grandes plaines toutes plates et coupées de distance en distance par des ravins, des rivières ou des fleuves, le Volga, le Dniéper, etc. Une foule de tumulus disent au passant : *Ici on a combattu.* Vainqueurs et vaincus dorment ensemble ; l'herbe pousse à la fois sur le corps du Tartare, du Polonais, du Suédois et du Cosaque.

« Il y a une de ces buttes qui m'a fait battre le cœur. Elle est surmontée d'une grande croix sur laquelle est écrit :

« QUANT A PIERRE, SACHEZ QU'IL NE TIENT PAS A LA VIE, POURVU QUE LA RUSSIE VIVE, AINSI QUE LA PURETÉ DE VOTRE FOI, VOTRE GLOIRE ET VOTRE PROSPÉRITÉ. »

« En lisant ces mots, deux grandes ombres m'ont apparu ; Charles XII et Napoléon, Pultawa et Waterloo !

« Chère amie, mon pauvre cœur s'est serré au souvenir qui rapproche ces deux champs de bataille où deux grandes gloires se sont brisées. Ici, du moins, les ennemis dorment ensemble sous le même monticule d'où semble s'élever cette voix : « Après nous, la paix ! » Mais le sol de Waterloo est couvert de monumens qui n'attestent que la défaite des Français et le triomphe des ennemis. Aucun signe ne marque la place où reposent les restes de nos bataillons ; mais l'univers sait qu'ils sont tombés avec une égale valeur d'une extrémité à l'autre de ce champ funèbre, et qu'ils se sont ensevelis eux-mêmes d'un élan héroïque dans l'immortelle admiration des peuples.

« Déjà nous sommes dans un pays qui porte un nouveau caractère ; les juifs commencent à se montrer en grand nombre. Ma Bible à la main, je les retrouve partout, mais vils, sales, malades, riches et rampans. Le costume turc reparaît parmi les femmes, et lorsque nous serons sur la frontière de la Moldavie, je retrouverai toutes les habitudes de mes chers Orientaux, que j'aime chaque jour davantage. Plus je vieillis, plus le passé me charme et plus l'avenir me semble court. Préparons-le pourtant le mieux possible. Je me porte comme un charme. Je fais mon métier d'hirondelle comme à vingt ans, et depuis mon départ de Saint-Pétersbourg, j'ai vu deux cent quatre-vingt-quatre escadrons.

« HORACE VERNET. »

Varsovie, 11 octobre 1842.

« L'accueil que j'ai reçu ici de la part de tout le monde me flatterait trop si je n'étais accoutumé à en recevoir un semblable partout. Ah ! quel orgueil ! Non, non, ce n'est pas à mon mérite que j'attribue tant d'honneurs ! C'est à ma bonne étoile que je dois la belle position dans laquelle je me trouve. Je n'ai d'autre avantage que celui de l'avoir suivie, au lieu de chercher à la gouverner par des moyens factices. Le *fiasco* de Ingres ici en est une preuve. La société, qui tôt ou tard fait la part du mérite de chacun, n'ayant pas été excitée par une *claque,* a laissé mourir un succès mûri sous cloche. Le grand air l'a tué.

« HORACE VERNET. »

Saint-Pétersbourg, 19 octobre 1842.

« J'ai trouvé une secte de juifs qui dit descendre en ligne droite des captifs de Babylone. Elle se nomme *caraïme.* Il faut avouer qu'elle a des mœurs toutes particulières. Je cherche à trouver les rapports qu'elles ont avec les mœurs des Arabes, et j'en ai déjà reconnu beaucoup.

« HORACE VERNET. »

Saint-Pétersbourg, 22 novembre 1842.

« Me voilà installé chez le maire : j'ai un vilain escalier, un véritable casse-cou ; le reste n'est pas mal. D'ailleurs je me trouve bien de tout, excepté des retards de la poste, car malgré tout je ne tiens pas encore ta lettre partie par l'ambassade de Russie. Il ne *leur* faut pourtant pas grand temps pour lire notre correspondance, et qu'ont-ils à y apprendre ? Je te recommande seulement de bien former ton écriture, afin qu'il n'y ait pas de lettres équivoques. Il faut écrire lisiblement. Quant à moi, j'ai beau faire, je n'y parviens pas ; j'espère que tu remarqueras pourtant que je fais en ce sens des efforts et peut-être des progrès.

« La peinture de Ingres joue un rôle qui ne le ferait

pas rire, s'il savait comment on l'arrange ici. Quoique je n'aie pas partagé l'enthousiasme que cette peinture a excité à Paris, j'ai toujours soutenu le talent de l'homme. Son école peut être fatale, mais il n'en résulte pas moins qu'il est lui-même, malgré les inspirations qu'il pille chez les anciens.

« Pour la première fois de ma vie, à cinquante-trois ans, me voilà seul, forcé de m'occuper de tout. C'est toute une éducation nouvelle pour moi. Il faut qu'elle se fasse, mais non sans apporter, je le crains, quelques modifications à mon caractère ; pourvu que ce soit en bien encore ! Pendant les cinq mois que je viens d'employer à faire trois mille quatre cents lieues, sans avoir eu, pour ainsi dire, l'occasion d'échanger une parole avec un ami, j'ai eu le temps de penser à fond sur l'avenir. Je vais faire l'application d'une nouvelle existence dont la gravité ne m'effraie pas trop. J'y suis préparé par la solitude où je me suis trouvé pendant ma dernière tournée. Tout seul dans ma voiture ou dans ma chambre, quand nous logions quelque part, je ne trouvais à placer un mot qu'au dîner ; le reste du temps se passait à traverser la manœuvre militaire au milieu du bruit, de la poussière et de la fumée du canon, à suivre l'inspection des écoles, des hospices, etc. Il n'y a dans tout cela que matière à observation, mais sans communication possible d'idées. Nous verrons quel sera le résultat de mes réflexions. Je ne doute pas qu'il ne soit bon sous certains rapports, et je n'ai pas encore oublié de peindre.

«Comme je te l'ai déjà dit, j'ai vu des choses admirables dont on n'a nulle idée en France. Tout ce qui peut se faire ici sans le concours de l'opinion du pays et par la volonté d'un seul homme est parfaitement organisé. Ainsi, l'armée, les écoles, les hôpitaux sont établis sur un pied de régularité extraordinaire et même luxueux. Il n'en est pas en tout de même. La justice me paraît surtout, de toutes les institutions, la plus déréglée. Sur les milliers de pétitions et de réclamations qui ont été remises à l'empereur pendant son voyage, plus des trois quarts lui étaient adressées à propos de dénis de justice commis par les tribunaux. Peine perdue! L'empereur ne peut pas tout lire. On lui présentait bien tous les soirs un rapport général, mais l'opinion du rédacteur fait toute la destinée de la cause du pétitionnaire. Le plus souvent le rapporteur, accablé de fatigue, ne prend pas la peine de lire la supplique jusqu'au bout, et pourtant l'affaire se trouvait jugée en dernier ressort, trop heureux celui qui n'était pas encore la victime de la vénalité!

«Voilà où en est l'empereur, qui veut absolument être l'arbitre de tout ce qui se fait même en détail, dans son empire. Plus le pays tend à se civiliser, plus les questions difficiles se multiplient, et plus l'astuce des populations se développe et tend à éluder la loi.

«Je te donne la liste des gouvernemens par lesquels nous sommes passés: Foula, Orlov, Koursk, Ukraine, Catherinoslav, Tauride, Kerson, un coin de la Bessarabie pour voir Bender, et la Moldavie; puis nous sommes rentrés en Podolie, Valnesk, grand-duché de Varsovie, Grodnensk et Valnensk; tu verras sur la carte que c'est une promenade assez longue. Je n'ai pas tenu à voir Odessa, qui n'a rien d'intéressant pour un peintre. Comme je crois te l'avoir dit, j'avais une très bonne calèche, six chevaux, Charles à côté de moi, et un domestique parlant russe sur le siége. Mes bagages étaient dans des nécessaires fermant à clé; une cantine qu'on garnissait chaque jour au moment où nous nous arrêtions pour dîner, afin d'avoir à *grignoter* jusqu'au lendemain, car nous ne faisions qu'un seul repas. L'empereur est très sobre; il ne mange que de la soupe aux choux, dans laquelle il y a du lard, de la viande, un peu de gibier ou de poisson, de petits concombres salés et il ne boit que de l'eau. Pour moi, je buvais du vin; quant au reste, je m'en accommodais très bien. Lorsque nous séjournions, la cuisine était plus recherchée; on se piquait de nous faire manger le sterlet, l'outarde, l'élan...; lorsque nous nous arrêtions dans un lieu où étaient quelques maisons réunies, on nous logeait militairement chez les bourgeois; alors il n'y avait rien d'assez bon, il suffisait d'être de la suite impériale pour qu'on mît tout en l'air : pour moi en particulier j'étais toujours le mieux partagé (sauf le gros bonnet) par la raison que mon nom était connu partout, et que *le Célèbre H. Vernet* était l'objet de la curiosité et le point de mire de tout ce qui est resté ici de vieux prisonniers français. La plupart sont des instituteurs ou l'out été; de sorte qu'il n'y en avait pas un qui ne m'arrivât avec une bande de jeunes gens. Les uns me disaient : «Monsieur, je vous croyais gros ; » les autres : « Je me figurais que vous étiez grand ; » enfin, j'ai passé à l'inspection de la grande et de la petite Russie.

«J'écris à bâtons rompus. Voilà ce que c'est que le combat de plusieurs idées dans une tête de peintre. Chacune veut sortir la première, la foule se presse à la porte pour sortir comme d'une salle de spectacle où l'on crie : au feu ! N'importe, arrange-toi comme tu voudras. Figure-toi remettre en ordre mon atelier, alors, il est probable que tout ce que je t'écris te deviendra intelligible....

«..... Dis à Louise que je la remercie des détails qu'elle me donne sur nos chers petits enfans ; elle me fait vivre avec eux, je les vois se promenant bras dessus en costume de cocher russe, et s'embrassant comme deux frères qu'ils sont. Je ne me figure pas la conversation puisqu'il y en a un qui ne parle pas.

«HORACE VERNET. »

«Saint-Pétersbourg, 26 décembre 1842.

«Vingt heures de nuit et quatre heures de jour malade ; voilà, chère amie, à quoi on est réduit ici. Comment peindre ? comment vivre ? comment ne pas mourir d'ennui ? Avec ça 19 degrés de froid, et l'espoir de voir bientôt doubler la dose ! Il faut dire, à la vérité, que le froid est le plus petit des inconvéniens du pays. Il n'y a que le nez qui en souffre ; du reste, on a chaud

partout, tant on a l'habitude de se prémunir contre la
rigueur de l'hiver. Je n'ai de vraie jouissance que celle
du traineau; mais, comme je ne sors que de nuit, mon
bonheur ne dure que le temps d'aller d'une maison à
l'autre. Je dîne presque tous les jours en ville; le soir
je vais dans le monde, et tous les jours la même chose.
C'est au pied de la lettre, car il n'y a pas la moindre
variété; qui a vu un salon les voit tous; qui a mangé un
dîner connaît toutes les cuisines; qui a entendu une
conversation n'a plus rien à entendre de nouveau pour
le lendemain. La manie des fauteuils est poussée à
l'extrême dans toutes les maisons. En entrant dans un
salon, il faut commencer à *évoluer* pour arriver jusqu'aux maîtres, passant par dessus toutes les jambes
qui se croisent dans tous les sens, et, une fois bloqué
dans un coin, c'est le diable pour en sortir. Peu de
gens se tiennent debout; il n'y a pas de cheminée,
comme chez nous pour point de direction; c'est un
méli-mélo de dos et de visages qui rend impossible de
parler à d'autres qu'à la personne qui vous regarde. Si
c'est une jolie femme, pour lui plaire, il faut dire ou
entendre dire du mal des autres; si elle est laide, c'est
le monde entier qui ne vaut rien. Excepté la famille
impériale, dont on fait constamment l'éloge, la conversation n'est autre chose qu'un cancan perpétuel, sans
couleur, sans rien de piquant, par la raison que tous
les Russes ont la même éducation, poussée au même
degré, et que leur indolence naturelle ne va jamais au-
delà de la dose indispensable. Tu juges qu'on a bien-

tôt assez d'une semblable nourriture. Pour ce qu'on appelle les *gens du monde*, c'est une si triste uniformité qu'il n'y a pas même matière à observations. La première faite est comme la dernière, sans qu'il soit possible d'y ajouter une nuance. Quelquefois je me dis : « C'est que tu es vieux et que tu ne portes pas le même intérêt à ce qui se passe autour de toi, que lorsque tu prenais une part active dans les petites intrigues de la société » ; mais non, je vois beaucoup de jeunes officiers, d'hommes de tous les âges, des diplomates de toutes les nations, personne n'a d'animation, chacun a l'air d'être gelé jusqu'au menton, et on croit avoir des mœurs parce qu'on n'a aucun sens... Encore, si c'était au profit de la vertu !

« HORACE VERNET. »

«Saint-Pétersbourg, 13 décembre, 1842.

«Quoi que tu en dises, ma passion pour l'empereur n'est pas telle que tu le penses. Je lui rends justice, ce n'est pas un homme ordinaire ; mais, chère amie, il est loin d'être parfait. Il a tout ce qu'il faut pour se faire aimer des gens qui n'ont pas besoin de lui ; mais pour peu qu'il ait à exercer sur vous la moindre autorité, c'est l'homme le plus dur que j'aie jamais rencontré. Il est vrai de dire qu'en fait de discipline, il lui est impossible d'être autrement. Les Russes de toutes les classes sont tellement enclins à la paresse, qu'il n'y a que la crainte qui puisse les maintenir. Quand un Russe ne tremble pas, c'est le plus lâche de tous les hommes.

«Tout ici est placé sous le régime militaire, depuis

le cuisinier jusqu'au grand-juge. De sorte que l'habitude de prononcer constamment des arrêts, sans qu'il soit permis au condamné de quitter la position du port d'armes, a donné à l'empereur une rudesse dont il ne s'aperçoit pas, qui augmente à mesure que les autres s'y accoutument, et qui le perdra le jour où la fatigue et l'inertie remplaceront la terreur qu'il inspire.

«Toutes ces admirables institutions dont je t'ai parlé dans mes lettres n'existent nulle part sur un pied aussi splendide. On dirait qu'elles sont fondées pour le bonheur de tous! Mais non! L'éducation qui développe l'esprit de cette foule de jeunes gens ne les pousse pas plus loin pour cela. Ils sont tous au monde pour rester dans leur classe; ils ne peuvent ni s'élever ni redescendre: s'ils sont fils de soldats, ils ne seront jamais que sous-officiers; alors, à quoi bon les instruire et leur donner des goûts qu'ils ne pourront jamais satisfaire, et des lumières qu'ils ne pourront jamais répandre! Déjà on a senti les funestes effets d'un tel ordre de choses. Une colonie entière d'infanterie s'est insurgée : pas un seul officier n'est resté; tous ont été égorgés froidement. Les soldats, conduits par les sous-officiers à leurs chefs, leur disaient: «Nous ne vous en voulons «pas; mais vous êtes nos officiers, nous devons vous «tuer; finissez votre pipe; nous reviendrons après; » et, en effet, ils sont revenus. La punition a sans doute été terrible, car on ne la connaît pas... Les régimens ont été licenciés.

«Voilà, chère amie, comme tout s'arrange en Russie :

on laboure sans savoir ce qu'on récoltera ; on accroche des oranges à un sapin, et l'on croit avoir des fruits ; la noblesse donne tout ce qu'elle possède, de bon cœur, plutôt que d'aller en Sibérie. Comme je te l'ai déjà dit, ce pays-ci est sur une boursoufflure qui s'enfoncera indubitablement, et tout ce qui ne porte pas barbe sera exterminé...

« Je ne peux te dissimuler que l'ennui commence à me prendre : il y a si peu de jour ici qu'il faut dépenser le reste de son temps à courir le monde ; ce n'est pas mon fort ; dans ce pays-ci, on ne trouve aucune ressource qui satisfasse le cœur et l'esprit.

« Adieu, chère amie, je vous embrasse tous du meilleur de mon âme. Je n'ai que faire de te dire combien je t'aime, ma pauvre vieille ; ton vieux, malgré son air de jeunesse, a l'esprit de son âge, les illusions sur lui n'ont plus de prise, et avant que les forces physiques lui manquent, il doit arranger son avenir.

« HORACE VERNET. »

« Saint-Pétersbourg, 5 décembre 1842.

« Tu as sans doute reçu une lettre de moi dans laquelle je te parlais un peu comme un homme découragé. Dans le moment, je ne puis le nier, j'étais sous l'influence du désordre d'un changement d'habitudes. Ma vie vagabonde et turbulente ne me permettait pas d'écouter tout ce que mon cœur me disait sur le bonheur de la vie de famille. C'est une fois rentré dans une chambre, dite la mienne, que la chanson de : *Ous-qu'on peut être mieux,* etc... venait me faire compren-dre que toutes les branches manquaient à mon vieux tronc. J'ai été quelques instans sous une fatale influ-ence. Je ne me voyais plus bon à rien. Le soleil de sculpture et le ciel de terre-glaise de Russie n'étaient pas le moindre des sujets de tristesse qui me traver-saient. Je voyais cependant, au fond de toutes mes lourdes et tristes pensées, le n° 56 de la rue Saint-Lazare ! J'avoue que l'idée d'aller m'y ragaillardir me tourmentait fameusement ; mais une circonstance heu-reuse est venue remonter mon courage. Le comte Vielhorski m'a enlevé de mon triste appartement pour m'installer chez lui. Sa famille est comme la nôtre : père, mère, enfans, gendre et petits-enfans, tout est dans la même boîte.

« L'aspect de tant de gens heureux m'a rappelé tout le bonheur dont j'ai joui, et m'a rendu l'espoir d'en jouir encore après avoir rempli le but que je me suis imposé d'atteindre. Je suis comme un enfant de la mai-son ; tout le monde chante, danse, s'embrasse ; il n'y a qu'à ce dernier amusement que je ne sois pas appelé. Du reste, le tableau de cette réunion de gens heureux me donnera la force d'attendre le moment où nous nous baiserons tous comme des pauvres, et je reprends cou-rage.

« Depuis quelques jours succèdent aux ennuyeux cer-cles dont je t'ai donné une idée, de très beaux bals. Les Russes ont plus d'esprit dans les jambes que dans la tête, et du moins il y a du mouvement dans les salons ; la débâcle a commencé.

« ..... Jusqu'à présent, il n'y a de cancans que chez M***, où je suis allé trois fois : sa maison est bien le lieu le plus singulier qu'on puisse trouver dans le monde entier. La maîtresse, ci-devant danseuse de chez Franconi, prime sur sa bande d'amies, qui se compose d'actrices, de couturières huppées et de vieilles c...., genre dix-septième siècle, enrichies par les boyards qui se sont ruinés pour faire les petits Richelieu ; tout ça infecte le musc et fait des *cuirs*.

« Pour les hommes, c'est toute autre chose, il y a mélange : les ambassadeurs, *les princes*, les maîtres d'armes, de danse, de langue française, anglaise, ou de charabia, les peintres d'histoire, de décorations, etc., tout est mêlé avec les acteurs, les avocats, marchands de chandelles et autres confitures ; tous sont compères et compagnons, et tiennent leur sérieux comme s'ils étaient chez M. Guizot. Du moins, lorsqu'on s'encanaille, devrait-on s'amuser. On dit pourtant que certains bals déguisés sont très gais ; nous verrons .....

« J'avais oublié de te dire que la comtesse Salagoup, fille du comte Veil, a une petite-fille d'un an, et que cette enfant m'adore. Je ne la prends pas dans mes bras que mes chers petits ne viennent me traverser la pensée ; il me semble les embrasser, et quand je sens de petites mains empoigner mes moustaches, les larmes me viennent aux yeux, non par la douleur que j'éprou-

ve, mais par le souvenir qui me reste des caresses de
ces messieurs.

« Tu me fais bien de la peine en me disant qu'Horace tient mal sa plume!... Cependant, si le fin est
mieux que le gros, je ne vois pas où est le grand mal.
J'attends une lettre de lui en réponse à celle que j'ai
eu l'honneur de lui adresser. Dis à sa mère, qui est à
cheval sur les devoirs des enfans et sur le respect qu'ils
doivent à leurs grands-parens, qu'elle l'invite à ne pas
oublier les convenances. Pour Philippe, il ne doit
songer qu'à avoir le corps libre... Dans ce moment, je
n'exige rien de plus, car ce pauvre chéri ne me connaît
pas encore, il ne sait pas que bien loin de lui il y a
quelqu'un qui l'aime si tendrement. Quand irai-je le
lui apprendre?... Parlons d'autre chose . . . .

« Il est dix heures, le jour vient, je vais prendre la
palette et jouer à Collin-Maillard avec mes pinceaux. .

. . . .

« HORACE VERNET. »

« Saint-Pétersbourg, 19 décembre 1842.

« Je reçois une bonne grande lettre de Louise, chère
amie; chaque jour, le bonheur de recevoir de vos nouvelles me devient plus précieux, car chaque jour je
sens plus vivement combien il est pénible d'être loin de
toutes ses affections. Tout, jusqu'à la peinture, me fait
faux-bon depuis près de deux mois; nous vivons ici à
tâtons; le soleil brille comme un paquet de chandelles

entourées de papier gris, et le gredin a cependant assez de chaleur pour fondre tous les matins deux pieds de neige, de sorte qu'on est comme les enfans lorsqu'ils font p.... au lit sous une épaisse couverture, le derrière dans l'eau. Le délicieux traînage a disparu; on ne fait plus que naviguer dans une espèce de *granito* à la napolitaine, qui ne vous permet pas d'éviter les trous et les bosses d'un effroyable pavé défoncé partout. J'ai les reins cassés des culbutes et des soubresauts que je fais toutes les fois que je mets le nez dans la rue. On dit que les grandes gelées vont venir, que le ciel alors deviendra clair. Que ce moment arrive donc!

«En attendant, nous venons d'avoir les fêtes de la Saint-Nicolas. C'est fabuleux de luxe et de magnificence. La messe et le baise-main sont d'une somptuosité dont rien n'approche nulle part. Tout est argent, or, diamans, et le nouveau palais d'hiver ne le cède en rien à tout ce que j'ai pu voir. Je connais toutes les cours de l'Europe; certainement celle-ci l'emporte pour ce qui frappe les yeux.

«Pour la fête de l'empereur, j'ai fait un petit Napoléon à cheval, qui a du succès, comme à l'ordinaire. J'ai été l'objet d'une attention toute particulière de la part de Sa Majesté, qui me place toujours parmi son état-major. La famille impériale me comble d'affectueuses distinctions. Enfin, ce matin, j'ai reçu un admirable trotteur, attelé à un comfortable traîneau en peau d'ours, comme souvenir de la Saint-Nicolas. J'ai dû donner 100 roubles de *bonne-main*. Ce n'est rien; mais l'embarras est de savoir ce que nous ferons de cet équipage. Il y a des choses plus difficiles à arranger dans le monde ; ainsi, réjouissons-nous...

« Une histoire très intéressante vient de se passer ici ; elle est simple et dramatique :

« Un jeune seigneur des environs de Moscou, nommé M..., est tombé éperdûment amoureux d'une jeune bohémienne. Il voulait l'épouser malgré les représentations de son père, qui trouva le moyen d'écarter son fils pour quelques jours, et qui, pendant son absence, fit enlever la jeune fille, qu'il maria à son cocher, auquel il donna la liberté et de l'argent.

« La nuit des noces une fois passée, elle sortit, regagna la campagne et disparut pour tout le monde, sauf pour son amant, qui feignit de l'avoir oubliée et prit du service dans les gardes. Pendant cinq ans, elle resta cachée dans une cabane sans qu'on sût que le jeune homme venait la voir toutes les nuits ; il se maria même pour donner le change : mais enfin, la femme légitime, tourmentée de la vie mystérieuse de son mari, fit tant qu'elle découvrit l'intrigue et alla se jeter aux pieds de l'empereur pour obtenir vengeance du perfide.

« On enleva la pauvre réfugiée pour la mettre à l'hôpital, et on fit disparaître aussi ses trois enfans dont elle n'entendit plus parler. — Pendant quatre ans, elle souffrit toutes les douleurs et tous les genres d'humiliation sans se plaindre, donnant l'exemple de la résignation la plus douce dans la maison où elle était enfermée.

« Quant à l'amoureux, on le fit partir tout de suite

pour le Caucase, où il est encore. Pendant tout le temps qui s'est écoulé depuis la séparation, aucune correspondance n'a pu s'établir entre les deux amans. — Pourtant, il y a peu de jours, un officier arrivé de l'armée, a trouvé le moyen de parler à la jeune recluse, et dans la conversation il lui a fait entendre qu'elle était le seul obstacle au retour de l'exilé.

«Dès lors, son parti fut pris; elle trouva moyen de s'échapper, se rendit chez la femme légitime du proscrit, lui demanda pardon de la priver d'un mari qu'elle devait aimer, puisqu'elle, si malheureuse, n'avait pu l'oublier, et elle alla se précipiter dans un trou fait dans la glace, sur l'un des canaux.

«On raconte ce qu'elle a dit à la femme de son amant, il paraît qu'elle a été à la fois admirable de simplicité et d'exaltation. Elle était tellement belle, qu'on la cachait lorsque des étrangers visitaient l'établissement où elle était enfermée. Il y a encore une foule de détails que je ne puis te donner ici et qui rendent l'histoire très touchante.....

«Cette lettre te sera remise les premiers jours de janvier. Je veux qu'elle vous porte tous mes vœux de bonne année. Vous aurez pensé à moi, je n'en doute pas.

«Il y a trois ans, j'étais éloigné de vous, à la même époque; du moins, à minuit, quoiqu'au fond de la Syrie, j'avais quelqu'un à embrasser. Avec ce cher Charles (1), nous pouvions prononcer les noms de ceux

---

(1) M. Charles Burton, neveu de l'illustre artiste.

que notre cœur allait rejoindre par la pensée; mais ici..... rien!

« Personne ne saurait partager mes regrets de n'être pas là pour jouir en famille de cette union de sentimens réciproques qui fait le bonheur du présent et la sécurité de l'avenir. Chère amie, dis-leur bien à tous que je les aime de toutes les forces de mon âme, grands et petits enfans, baise-les tous jusqu'à user tes lèvres, et qu'ils te rendent ces caresses pour moi.

« HORACE VERNET. »

« Saint-Pétersbourg, 14 janvier 1843.

« Il n'y a plus de neige, les rues sont lavées par une petite pluie fine qui ne discontinue pas. Saint-Pétersbourg ne s'approvisionne l'hiver que par le traînage, et le jour de Noël tous les marchés sont encombrés de viande, de poisson et volailles gelés. Ces provisions se conservent jusqu'au carême. Par malheur, un dégel vient de fondre à l'improviste sur nos têtes et en même temps sur tous les comestibles, qui ne sont plus que des charognes. C'est une véritable désolation. Le premier jour rien n'est si curieux que cette foire. J'y suis resté toute une matinée. Figure-toi des rues formées de bœufs, de moutons et de cochons empilés les uns sur les autres, raides comme du bois, et qu'on démolit à grands coups de hache.

« C'est un spectacle des plus bizarres, surtout quand veint la nuit; tous ces corps morts s'éclairent avec des chandelles, les marchands sont assis dans le ventre d'un bœuf ou sur le dos d'un cochon. Chacun d'eux vous *agrippe* par votre habit pour vous vendre sa marchandise. Ils crient tous à la fois; dans ce tumulte, j'ai été pris regardant avec un air d'intérêt une immense truie environnée de tous ses marcassins, qui, comme elle, gisaient morts sur le pavé. On a sans doute supposé que je voulais faire emplette de cette Niobé; sur-le-champ, j'ai été entouré d'une foule de compagnons de Saint-Antoine, qu'on voulait me faire acheter en me vantant leur beauté, comme s'ils eussent été de petits Cupidons.

«Ne pouvant pas m'expliquer, je me suis retiré en faisant bonne contenance jusqu'à mon traîneau; mais là, je devais succomber. Je n'y suis pas entré seul: la malheureuse truie m'avait suivi; on l'avait mise à mes côtés sans exiger de paiement. Tu juges de mon embarras. Impossible de me faire comprendre par un gendarme qui était là. J'ai dû prendre le parti de m'en aller avec la truie pour compagne. Arrivé à la maison, tout le monde m'attendait dans le vestibule.

«C'était le fils Vielhorski, qui, m'ayant découvert flânant dans le marché, avait dit à un de ses paysans de me faire cadeau de cet intéressant animal. La plaisanterie n'était pas mauvaise de me faire voyager côte à côte avec une grande bête qui dominait ma taille de plus d'un pied. J'en ai été quitte pour une tache à mon pantalon. La peau d'ours de mon traîneau sentait aussi le cochon grillé.....

«La famille dans laquelle je trouve une si bonne hospitalité est dans la joie d'un mariage qui vient de s'arranger pour une des filles. Le promis et la promise s'aiment comme des tourtereaux. C'est un vrai plaisir pour moi de voir des gens heureux les uns par les autres ; moi qui suis si isolé ! Tu ne peux te faire une idée de l'harmonie qui règne entre eux ; ils vivent comme nous en communauté. Le père est un homme fort instruit, grand seigneur, et bon vivant. La mère, qui a été ravissante, est passionnée pour la retraite depuis qu'elle a dû se vouer à l'éducation de ses filles. Elle est devenue sévère et dévote, mais elle n'en conserve pas moins tout ce qu'il faut de chaleur d'âme pour aimer tendrement les siens et s'en faire aimer. La fille cadette est mariée depuis deux ans : celle-là est blonde, assez jolie, nourrissant son enfant, faisant de la musique et de la peinture, n'allant pas au spectacle par sévérité de principes, et ne lisant de la littérature moderne que les lignes écrites par son mari ; celui-ci est un grand jeune homme, à grosse tête déprimée, jouant assez fort, mais bon gentilhomme, et ne riant que de ce qu'il dit ; les autres sœurs sont brunes, plus ardentes, promettant davantage de payer un jour leur tribut à la société ; mais, jusqu'à présent, fermes dans la voie du Seigneur, et ne supposant pas qu'une honnête femme puisse lire autre chose que l'*Imitation*. Le plus jeune de la bande, c'est un frère, grand et beau garçon, visage frais, esprit très cultivé, d'une bonté et d'une douceur angéliques, scrofuleux et par suite boiteux. C'est l'héritier de la famille, l'aîné des fils étant mort.

« Le reste de la maison qui complète la table au dîner se compose de gouverneurs et de gouvernantes. Les premiers, heureux de quitter les livres, jouent de la flûte et de la clarinette ; les gouvernantes, l'une, Anglaise, semble du temps de *Clærisse;* elle porte des lunettes vertes et un chapeau gris ; l'autre, Polonaise, est (comme disait feu le comte de Forbin) un torchon pastoral poussant des soupirs à renverser les meubles ; puis une Allemande qui mange, mais qui mange à faire trembler. Si j'étais Petit-Poucet, je quitterais la maison. Oh! la gaillarde! voilà une mâchoire qu'on peut citer ; mais aussi le lendemain.....

« Je n'ai plus de papier ; je termine donc bien vite cette lettre, dans la crainte que l'Allemande ne s'en empare....

« Adieu, donc, etc.

« HORACE VERNET. »

« Saint-Pétersbourg, 24 janvier 1843.

« Les jours s'allongent, et je puis travailler six heures ; aussi la toile se couvre, et je commence à renaître. Mes membres reviennent à la souplesse ; mes idées reprennent leur vol vers le ciel, et mes yeux ne creusent plus tristement la terre, que le soleil semblait avoir abandonnée. Quel hiver! jamais, de mémoire d'ours, on n'en a vu un semblable dans leur belle patrie! Aussi tout est-il défoncé, on ne peut sortir d'aucune façon sans courir risque de se noyer ou de se rompre les os. Oh! malédiction des malédictions! comment faut-il que je sois tombé dans ce pays, justement quand il est enrhumé, grippé, dévoyé!

«HORACE VERNET.»

<hr>

«Saint-Pétersbourg, janvier 1843.

«Une nouvelle distraction m'est venue en aide. Il
est arrivé une troupe de bohémiens pur sang avec le
prince Vielhorski. Nous les poursuivons dans les derniers retranchemens de leurs habitudes privées. Il y a
véritablement chez eux des choses inconcevables de
tradition physique et morale. C'est l'Égypte au visage
de bronze, avec ses serpens droits sur la queue, ses
mystères et ses superstitions. Je suis comme un ivrogne
qui découvre un bouchon, aussitôt que je vois moyen de
me raccrocher aux souvenirs d'un pays où le soleil n'est
pas comme ici, une orange enveloppée de papier gris.

Je m'en donne à *gogo*, et je puis d'autant plus l'avouer qu'il n'y a rien que de très vertueux dans nos recher-ches ; je deviens philosophe profond, comme Jocrisse devenu maître d'école ; je n'y mets pas plus de préten-tion que lui, et je m'amuse seulement pour faire couler le temps que je ne puis employer à la peinture.

«Je flaire à droite et à gauche, je fourre mon nez partout où je peux, sans m'occuper de mes oreilles, ni de l'opinion des autres bavards ; car, chère amie, plus je vis, plus je suis convaincu que le nez est l'organe le plus important de notre machine humaine. Il perçoit tout :

«Un nez busqué, retroussé, ou même de mie de pain, change l'expression du visage. Je m'amuse donc ici, faute de mieux, à juger les différentes directions que prennent tous les nez. Dans aucun pays du monde, il n'en existe une si grande variété. Depuis l'Arménie jusqu'au Kamchatka, ils vont toujours en diminuant. Les plus longs vont comme on les tire, les plus courts vont comme on les pousse..... J'ai déjà vu l'armée ; maintenant, c'est le peuple que je recherche dans son esclavage : rien n'est si curieux et si intéressant.

» L'histoire des amours de la Bohémienne m'a con-duit à savoir quantité de détails sur les mœurs des pay-sans, sur les mariages, sur la ruse qu'ils mettent à élu-der l'oppression. L'empereur, j'en suis convaincu, ne désire rien tant que la liberté pour les serfs ; mais, dans l'état de dépravation où en sont venues les choses, il y a impossibilité. Le paysan vit tellement au rebours des mœurs de la société, qu'il est impossible qu'il y puisse entrer avant une régénération complète de ses habitudes ; et comment y arrivera-t-il, lorsqu'aucun sentiment d'honneur n'agit sur son esprit, et que son esprit, et que son but est de travailler le moins possible ? La paresse et l'indolence sont pour les Russes le parfait bonheur, depuis le prince jusqu'au moujik......

. . . .

« Malgré les principes moraux que l'empereur puise dans son cœur et dans ses propres vertus, malgré son désir de les propager, l'imminence de la révolution domine ses meilleures intentions. La crainte lui a fait endosser un uniforme régulier qui dissimule à l'extérieur toutes ses difformités ; mais elles n'en existent pas moins, elles ne cesseront d'exister tant que la Russie ne basera pas son avenir sur autre chose que sur des apparences de force et de prospérité. Comme je te l'ai dit, elle me semble sur une boursoufflure de civilisation qui s'enfoncera un jour. Du moment que l'armée délibérera, elle trouvera 40,000,000 de barbares qui ne demandent pas mieux que de s'emparer des terres, dont ils se regardent déjà comme les propriétaires, par la raison que ces terres n'ont aucune valeur que celle qui leur est donnée par les paysans qui les cultivent, et que l'impôt se paie en proportion de leur nombre et non en rapport de l'étendue territoriale. On ne leur persuadera jamais que le sol ne fait pas partie de leur individu. Voilà pourquoi aucun d'eux ne veut prendre sa liberté : une fois libre, un paysan ne possède plus rien ; esclave,

il ne peut être vendu qu'avec la terre qui doit le nour-
rir. . . . .
. . . .

« J'ai assisté hier à l'enterrement du métropolitain, le
papa des Grecs. Je n'ai rien vu de si beau que le
clergé. Non-seulement le costume est magnifique, mais
ces longues barbes, et ces immenses chevelures ondu-
lées et tombant sur les épaules, font un effet merveilleux.

« HORACE VERNET. »

« Saint-Pétersbourg, 12 février 1843.

« J'arrive d'un bal chez l'empereur. J'ai eu une très
longue conversation avec lui sur l'Église d'Isaac; j'ai
fait le professeur. Je lui ai donné mes opinions sur
l'homogénéité nécessaire dans l'ordonnance des compositions; il y aura tant de peintures à faire que la vie
entière d'un seul homme n'y suffirait pas, s'il devait les
exécuter sans auxiliaire ou même les retoucher. Il fau-
drait donc qu'un seul homme ou qu'un seul génie se
chargeât des compositions sur carton, et que vingt ou
trente artistes de talent se chargeassent de remplir les
contours. Cette tâche serait facile, sans qu'il y eût dis-
parate, les sujets devant être peints sur des plaques de
cuivre dorées au feu. Dans cette condition, l'effet se
trouvant encore plus dans le caractère que dans le mo-
déle, il y aurait plus de certitude d'harmonie dans
l'aspect.

« J'ai voulu, pour la première fois, ne parler qu'en

termes généraux ; d'ailleurs, à la fin, j'étais dominé par la préoccupation de quelques mots qui avaient échappé à Sa Majesté. Plusieurs fois, lorsqu'il s'agissait du temps qu'on devait mettre à terminer le monument, l'empereur m'a dit : « Il faut que ce soit fini en cinq « ans ; je sais bien que je n'y entendrai qu'une messe, « et que c'est pour mon fils que je travaille ; je ne dois « pas vivre longtemps. »

« Cette appréhension d'une mort prochaine, manifestée au milieu d'un bal et exprimée d'une manière si simple de la part d'un homme dans toute la force de l'âge et de la santé, avait quelque chose de si étrange, qu'il m'a fallu un effort de combinaison pour m'en expliquer la possibilité.

« Malheureusement la solution du problème n'a pas été difficile à trouver. Avec mes idées sur la position du pays et le souvenir d'une scène qui s'était passée dans la chambre voisine, la possibilité d'un grand événement devait me paraître probable ; mais alors, j'ai senti tout ce qu'il fallait de force d'âme à un souverain pour dominer la faiblesse de l'humanité. Je pensais à notre roi que la mort épargne dans sa personne en frappant autour de lui ; enfin (au milieu de ce monde) j'ai été pris par une infinité d'idées que je ne me croyais susceptible d'avoir qu'en un jour de dégel, étant seul dans ma chambre.

« HORACE VERNET. »

« Saint-Pétersbourg, février 1848.

« Pour ne pas parler de mon hiver, qui m'arrache les cheveux, je veux te dire qu'enfin nous avons du beau temps ici depuis deux jours. Enfin, les traîneaux, voitures délicieuses, filent comme le vent sur la mer. Le soleil fait briller dans l'air des parcelles de glace qui semblent de la poudre de diamant, et les rues sont encombrées de véhicules portant d'énormes pièces de glace. On dirait que, comme les Juifs enlevaient le bronze du colosse de Rhodes, les moujiks détruisent le palais d'une fée ; il faut véritablement se bien persuader que tout ce qu'on voit dans ce pays est de l'eau claire, pour ne pas se laisser aller à de trop belles illusions. Heureusement, j'ai vu tant de choses dans ma vie ! Quoiqu'un peu emporté par le tourbillon, mon œil ne reste fixé, pour le moment, que sur le point où rien ne tourne, où tout est réel, sur le pivot de la rue Saint-Lazare, à Paris, où mon cœur est planté. La tête peut emporter le reste ; c'est toujours là le centre, et dans trois mois je le reprendrai avec sa gravité ; car, tout en te disant des bêtises pour te faire rire, je deviens plus sérieux que tu ne penses.

« Il faut m'habiller pour aller au bal chez le comte Woronzoff, où toute la famille impériale se trouvera. Oh ! lorsque je me souviens de la soirée de Jérusalem, où je t'écrivais sur la table du couvent, après un repas de Bacala ! j'étais maigre, fatigué ; mais la cause était bien différente de celle qui me blêmit aujourd'hui ! Avec la Bible et tout ce que je voyais, je remplissais mon sac, comme la fourmi qui fait provision de nourriture pour l'avenir; ici, c'est le contraire, c'est le vide qui m'entoure et que je remplis à mes dépens. Heureusement que la bourse ne suit pas le mouvement et que je la rapporterai plus ronde que mes joues. Je travaille ferme et je suis content de mon ouvrage. Je sens que le long repos auquel j'ai été condamné n'est pas un temps perdu. Je repars avec mon énergie d'il y a vingt ans, et l'expérience d'une longue existence laborieuse.

.   .   .   .

«HORACE VERNET.»

«Je te dois des détails sur le mariage de la comtesse Appoline Vielhorski, maintenant Vinérétinoff. La cérémonie a eu lieu à la cour, à sept heures du soir. La mariée est partie la première pour se rendre chez l'impératrice, qui est dans l'usage, en pareille circonstance, de coiffer la jeune mariée des diamans de la couronne. Nous sommes arrivés ensuite comme témoins avec le mari et le reste de la famille. L'empereur, donnant la main à la jeune personne, s'est rendu processionnellement à la chapelle, où le clergé a rempli les cérémonies d'usage. Puis, les chants, les prières, etc. On a étalé par terre une bande d'étoffe couleur de rose sur laquelle les époux doivent se placer. Celui qui s'y place le premier doit mener, dit-on, le ménage; c'était à qui des deux époux ferait la politesse de la priorité à l'autre. Superstitieusement, ils ont levé le pied ensemble, et maintenant ils se disputent peut-être sur la question de savoir qui des deux l'a posé le premier. Deux garçons d'honneur leur tiennent tout le temps deux couronnes fermées sur la tête; le prêtre leur fait boire par trois fois du vin dans la même coupe, puis leur fait faire trois fois le tour d'un pupitre sur lequel est placé l'Evangile.

« La cérémonie dure une heure. Après la bénédiction, on passe dans les appartemens; là, on donne à chacun un grand verre de vin de Champagne qu'hommes et femmes doivent boire en entier. Il faut que plus de deux bouteilles soient vidées pour que le mariage soit heureux. Après cela, l'empereur, qui joue le rôle de *père-assis* (c'est le terme), part d'avance pour le logement des époux. Il y porte les images, le cortége le suit; il attend à la porte de l'appartement l'arrivée des époux, qui, avant d'entrer, se prosternent jusqu'à terre. Ensuite le vin de Champagne reparaît encore, et on distribue à chacun des cornets remplis de bonbons, de glaces, etc. Voilà pour le matériel de la cérémonie.

« Quant à la partie morale, une circonstance imprévue est venue me donner la mesure de l'importance religieuse que la mariée attachait au serment solennel qu'elle allait prêter devant Dieu : un de ses bracelets s'étant détaché, elle le tenait dans sa main gauche. L'empereur, avec une galanterie toute chevaleresque, traversa toute la chapelle pour l'en débarrasser. Elle le lui remit sans le regarder et sans lui faire le plus petit signe de remercîment. Ce manque de courtoisie a été apprécié dans son véritable sens par tous les assistans, et tu es trop religieuse pour ne pas le comprendre.

« HORACE VERNET. »

Saint-Pétersbourg, 27 mars 1843.

« Je vais à la parade et je cours avec l'empereur passer des revues. Nous avons été ces jours derniers à Cronstadt. Ce voyage, qui a duré deux jours, m'a ravi. S'en aller à *dix lieues* en mer en traîneau, c'est la chose du monde la plus originale. Pendant les différens dégels qui se sont succédé, des coups de vent ont sans doute refoulé la mer, qui, en superposant les couches de glace l'une sur l'autre, a produit des chaînes de collines de plusieurs lieues de longueur et de formes les plus singulières. Les chevaux vont ventre à terre, le vent nous coupe le visage, qui se couvre de larmes glacées, tandis que le corps est en feu sous les tapis et les peaux d'ours dont on est affublé. Tout ce qu'on voit, les contrastes et le mouvement, font qu'au bout de dix minutes on croit rêver, et qu'en arrivant on croit avoir perdu la tête. Figure-toi des gens qui courent la poste entre des vaisseaux de ligne, sur des voûtes plantées d'arbres verts. Si je n'avais pas recommencé le soir la même promenade, je croirais avoir été fou pendant quelques heures. L'empereur a fait manœuvrer des troupes de marine qui ne le cèdent en rien aux troupes de terre. On a tiré le canon à boulet, etc... Puis nous avons visité l'hôpital, où il y a 2,000 lits. Celui-là vient d'être construit avec tout le luxe d'un palais ; tout, jusqu'aux malades, y est magnifique. Ils doivent avoir du plaisir à mourir si proprement : tout est si bien fourni, si clair, si paqueté, qu'il ne doit leur être permis de passer dans l'autre monde que lorsque le tambour a battu la retraite

. . . .

«Nous n'étions que quatre à cette petite excursion, nous sommes revenus dîner à Péterhoff en traversant le golfe de Finlande, et arrivés dans la nuit à Saint-Pétersbourg, où j'ai repris mes travaux. Voilà, chère amie, ce que j'ai à te conter pour aujourd'hui. Dans quelques jours j'entamerai la question religieuse. Il se passe ici des choses si singulières que Mme de Genlis, avec sa bizarrerie, n'a pu rien inventer de si fort. En voici un seul exemple :

«La tante du comte Vielhorski a fait vœu en 1812 que si les Français étaient repoussés, tout le reste de sa vie, elle ne mangerait que sept fois pendant le carême, et jusqu'à présent, elle a accompli ce vœu... Je la vois souvent, elle se porte comme un charme. Ce qui m'étonne, c'est que tous les jeudis, jour de *baffre*, elle s'en donne une dose à faire crever un limousin. La baleine qui avala Jonas ne dégluttait pas mieux ; la gaillarde serait même capable d'engloutir le cétacée avec son prisonnier. Il n'en est pas de même des pauvres moujiks qui, pendant sept semaines, ne mangent rien qui ait vécu, et rien de cuit : ils n'ont pour toute nourriture que des champignons conservés dans de l'eau de sel, et encore font-ils plusieurs jeûnes par semaine ;

aussi l'époque de la grande mortalité ici est-elle à Pâques. . . . .
. . . .

«Tout ce que tu me dis de nos petits-enfans me fait tant de plaisir ! Seulement je crains que si Horace se prend trop fort au travail, il ne se fatigue. Je ne dis pas cela pour le moment ; mais je crains que l'habitude de s'absorber dans l'étude ne dérange le travail de la nature, qui, chez les jeunes garçons, demande un soin plus particulier que chez les filles, qui, naturellement, ont à faire dans le cours de leur vie une dépense de forces physiques moins grande.

«HORACE VERNET.»

«Saint-Pétersbourg, 17 avril 1843.

«Il faut accoucher d'une grande affaire, c'est celle de mes chevaux. Dois-je les donner avant de partir ? Quant à les vendre, impossible. Dois-je les amener ? Si ce dernier parti est celui que je prends, attends-toi à te promener avec des coquins qui vont comme le vent, mais pas longtemps, et qui ne peuvent être conduits qu'à la russe, par un tartare à grosses pommettes, à barbe rare, à épaules carrées, et ne mangeant que de la viande de cheval. A cette proposition, je vois monsieur ton nez se retrousser, blanchir, rougir, etc. ta goulette murmurer : «Ah ! l'imbécile, il ne fera donc jamais que des folies ! » et mille autres petites gentillesses dans ce goût-là. Mais comment faire? Il ne me reste d'autre parti à prendre pour te calmer que de te faire le tableau des jouissances que tu auras de tes nouveaux amis. Mon Tartare ne sait pas un mot de français, moi, par un mot de russe; nous serons condamnés à parler pas signes, cela te rappelera l'enfance de Philippe. Sauf la jeunesse, R... pourra te faire illusion. Il est pétri d'une grâce stupide qui t'invitera à le battre. Pour le drochi, c'est une petite voiture à quatre roues, basse comme un tabouret, mais très prore à la pdigestion par la rudesse de ses ressorts, surtout lorsqu'il est trainé sur le pavé par un trotteur Orloff. Ah! une fois que tu auras goûté de la vélocité de ce véhicule, tu mépriseras la citadine. Et le ramage du cocher: *padi, padi dourah, naprova, naleva!* etc... Je me réserve de t'apprendre le reste de vive voix.....

«HORACE VERNET. »

« 30 avril 1843.

«J'avais donné à l'empereur un petit Napoléon à cheval, pour lequel il m'avait envoyé le traîneau. Eh bien! le jour de Pâques, on m'a appelé à l'exposition des présens que Sa Majesté fait à cette époque et j'ai trouvé là la copie de ce même tableau sur un magnifique vase de 3 pieds de haut, forme Médicis, imité de Sèvres, et sur l'autre face, dans un cartel orné des armes de Sa Majesté. — *A. M. Horace Vernet, en té-*

moignage d'estime pour son admirable talent. — Tu juges de l'effet qu'a produit sur moi un hommage si délicat et si flatteur; ce sont de ces présens qui ne se font qu'à des princes ou à des souverains. J'étais confus, le prince Volkonski s'étant retiré, je suis allé tout de suite chez lui le prier d'être mon interprète auprès de l'empereur, et de lui témoigner toute ma reconnaissance; il m'a dit de me trouver le soir au palais pour assister à la cérémonie de l'église, et que ce serait là la meilleure manière de témoigner que j'appréciais la haute distinction que S. M. venait de m'accorder.

« Ceci était encore une faveur, car l'ambassadeur d'Autriche et moi nous étions les seuls étrangers présens. Cette cérémonie est une des plus curieuses que j'aie vues. Il ne s'y trouve que les personnes attachées à la cour, et une députation de tous les officiers de la garde, ce qui, cependant, forme en tout 2 à 3,000 personnes.

« A minuit, la famille impériale entre dans la chapelle. Après l'évangile, chaque personne se présente devant l'empereur, qui vous dit: *Jésus-Christ est ressuscité!* On lui répond: *Oui, il est ressuscité,* et on l'embrasse sur les deux joues. L'impératrice donne sa main à baiser.

« Il y a quelque chose de singulier dans cet usage; mais le plus curieux c'est que, après la messe, l'empereur embrasse le premier individu qu'il rencontre. Ordinairement, c'est la sentinelle qu'il trouve à la porte. Il y a quelques années, il embrassa un grenadier du

régiment Préobrajenskoi, et lui dit: *Jésus-Christ est res-*
suscité ! Le soldat répondit: *Non !* — C'était un juif.
Depuis ce jour, tous les juifs ont été mis dans la marine. . . . . ,
. . . .

«L'établissement des enfans trouvés à Saint-Pétersbourg se compose de 25,000 individus, 700 employés
y compris. Unc as de mortalité s'est subitement manifesté
jeudi. Le comte Vielhorski, l'administrateur, a été
tout de suite averti. Nous y sommes allés. Voici le fait:
sept nourrices ont été prises de douleurs au larynx: une
grande prostration de forces, quelques vomissemens,
lourdeur dans les paupières, dilatation des pupilles, en-
gourdissement des extrémités, puis étouffement et la
mort. Tandis que les cinq premières exécutaient cette
manœuvre, onze autres étaient à l'exercice, et, à minuit, le compte des mortes était de 16. L'empereur,
qu'on avertit de tout, en fut instruit, et un de ses médecins arriva sur-le-champ. Il s'agissait de connaître
la cause de cette mortalité. Les médecins ont commencé
à perdre la tête, à se disputer. Chacun a pris une malade, l'a traitée à sa façon, et toutes sont mortes. Le
lendemain, on a fait de beaux discours pour prouver
que c'était une maladie inconnue, pendant que deux autres nourrices mouraient couvertes de sinapismes, ou
l'émétique dans le ventre. Un jeune médecin polonais
soutenait que ces femmes étaient empoisonnées; j'étais
de son avis, mais impossible de se faire entendre au
milieu des personnalités qui se débattaient. On a fait

un procès-verbal constatant que tous les moyens ont été employés, mais que la maladie reste inconnue. L'empereur, furieux, a ordonné immédiatement l'ouverture des cadavres, etc....., et il a fallu en revenir à l'idée du poison ; mais on le suppose animal. Voilà où en sont ici les savans. . . . .

. . . .

« HORACE VERNET. »

—————

« Saint-Pétersbourg, 23 juin 1843.

« Le bal d'hier était magnifique ; il n'y a qu'ici où l'on puisse étaler tant de richesses ; à la lettre, on faisait litière de diamans ; les hommes et les femmes en étaient couverts. . . . .
On marchait sur les perles et les rubis, il faut avoir vu cela pour le croire.

« Rien n'est si beau que la famille impériale : ces princes et ces princesses brillans de jeunesse et de joie, dépassant de la tête tous ceux qui les entourent, et écrasant tout par l'éclat de leur beauté individuelle, etc.

. . . .

« Je suis sous le charme comme si j'étais un courtisan, et Dieu sait que ce n'est pas là mon goût . . .

« Me voilà bloqué jusqu'au 15 juillet ! Que le temps me semble long maintenant ! J'ai beau raisonner, il me semble que j'ai dépensé tout mon courage, ou qu'il est

déjà à bord du bâteau à m'attendre. Oh! oui, c'est là
que je le retrouverai, et une fois embarqué, il me semblera voir le clocher de mon village (Paris). Quel beau
jour!

«HORACE VERNET.»

FIN.

LEIPZIG, BREITKOPF ET HAERTEL, IMPRIMEURS.

DE MONTÉPIN, Les Filles de Platre. 7 vols.

E. SCRIBE, Le Filleul d'Amadis, ou Les Amours d'une Fée. 2 vols.

ALEX. DUMAS, Le Lièvre de mon Grand-père. 1 vol.

ADRIEN PAUL, Blanche Mortimer, roman de mœurs russes, suisi de Un Mariage militaire par Bisse et de Ce qui coute un Emprunt gratis par Audebrand. 4 vols.

OCT. FEUILLET, Scènes de la Vie mondaine. La petite Comtesse. Suivi de Les mauvaises bonnes Fortunes par H. Lucas. 1 vol.

X. DE MONTÉPIN, La Syrène. 2 vols.

A. DE BERNARD, Les Frais de la Guerre. 2 vols.

EDMOND ABOUT, Les Mariages de Paris. 2 vols.

TH. GAUTIER, Avatar. 1 vol.

EUGÈNE SUE, Les Fils de Famille. 5 à 6 vols.

SOUS PRESSE :

Quatre Nouvelles couronnées par la société des gens de lettres. 1 vol.

Mme d'AUNET, Un Mariage en Province.

X. DE MONTÉPIN, Un Drame dans les Montagnes. 2 vo .

X. DE MONTÉPIN Mademoiselle la Ruine. 4 vols.

PAUL DE KOCK, La Demoiselle de 5me.

TH. GAUTIER, Capitaine Fracasse.

JACOB, Marion Delorme et Ninon de Lenclos.

D^r. L. VÉRON, Une Dot et des Espérances.

www.ingramcontent.com/pod-product-compliance
Ingram Content Group UK Ltd.
Pitfield, Milton Keynes, MK11 3LW, UK
UKHW022311120726
13694UKWH00004B/1389